날개가 바꾼 역사

새, 벌, 복엽기 그리고 펄럭펄럭 날개를 가진 모든 것

글 트레이시 터너   그림 파티 버크   번역 윤영   감수 정광훈 박사

매그, 몬티, 웰링턴을 위하여

날개가 바꾼 역사

새, 벌, 복엽기 그리고 펄럭펄럭 날개를 가진 모든 것

글 트레이시 터너　　그림 파티 버크　　번역 윤영　　감수 정광훈 박사

옮긴이 윤영
서울대학교 미학과를 졸업하고 같은 대학원에서 고고미술사학과를 수료했다. 옮긴 책으로는 『암호 클럽 12: 호피 인디언의 전설을 찾아서』, 『살아남은 자들 1–6권』, 『디즈니 픽사 카2, 캐릭터 가이드북, 무비스토리북』, 『토이 스토리 3: 장난감 탈출 대작전』 등이 있다.

감수 정광훈 박사
부산대 물리학과에서 석·박사학위를 취득 후, 과학기술부에 입사하여, 국립과천과학관 기초과학 분야 전시물을 기획, 제작하고 있다. 또, 전시물 연계 초중고 탐구학습서 개발, 네이버 캐스트 기고, 과학원리 체험콘텐츠 개발 등 생활 속 과학원리를 쉽게 소개하는 일도 하고 있다.

날개가 바꾼 역사

초판	1쇄 발행 2021년 1월 30일
펴낸이	김대현
펴낸곳	아이위즈북
지은이	트레이시 터너
그린이	파티 버크
옮긴이	윤영
주소	서울시 마포구 양화로 78, 서교빌딩 601호
전화	(02) 2268-6042 / 팩스 (02) 2268-9422
홈페이지	www.iwizbooks.com
등록	1991년 2월 22일 제2-1134호
ISBN	979-11-86316-20-7 73500

이 도서의 국립중앙도서관 출판예정도서목록(CIP)은 서지정보유통지원시스템 홈페이지(http://seoji.nl.go.kr)와 국가자료종합목록 구축시스템(http://kolis-net.nl.go.kr)에서 이용하실 수 있습니다. (CIP제어번호 : CIP2020041889)

※책값은 표지에 있습니다. 잘못된 책은 바꾸어 드립니다.

사용연령	3세 이상	제조국	중국
제조년월	2021년 1월 30일	제조자명	아이위즈북
연락처	(02) 2268-6042		
주소	서울시 마포구 양화로 78, 서교빌딩 601호		
주의사항	책의 모서리가 날카로우니 던지거나 떨어뜨려 다치지 않도록 주의하세요.		

KC마크는 이 제품이 공통안전기준에 적합하였음을 의미합니다.

Wings by Tracey Turner and illustrated by Fatti Burke
First published 2020 by Kingfisher an imprint of Pan Macmillan
Text and design copyright © Raspberry Books Ltd 2020

Korean translation copyright © iWizbooks 2020
Korean translation rights are arranged with Macmillan Publishers International Ltd through AMO Agency, Korea.

이 책의 한국어판 저작권은 AMO 에이전시를 통해 저작권자와 독점 계약한 아이위즈북에 있습니다. 저작권법에 의해 한국내에서 보호를 받는 저작물이므로 무단복제와 무단전재를 금하며, 이 책의 내용 전부 또는 일부를 이용하려면 반드시 아이위즈북의 서면 동의를 받아야 합니다. 아이위즈북(iWizbooks)은 (주)도서출판 아테나의 브랜드입니다.

날개 없이도 날 수 있다고요~

차 례

들어가며 …………………… 6-7	복엽기부터 초음속기까지
날 수 있는 곤충 …………… 8-9	……………………………… 30-31
나비 ………………………… 10-11	미래의 비행기 …………… 32-33
나는 파충류 ……………… 12-13	헬리콥터 ………………… 34-35
최초의 새 ………………… 14-15	우주의 날개 ……………… 36-37
다양한 새 ………………… 16-17	날지 못하는 날개 ………… 38-39
박쥐 ………………………… 18-19	날개 없이 비행하기 ……… 40-41
신비한 날개 ……………… 20-21	나그네알바트로스의 날개
이카루스의 비행 ………… 22-23	……………………………… 42-43
날아오르는 사람들 ……… 24-25	모든 종류의 새들 ………… 44-45
글라이더 ………………… 26-27	모든 날개를 한 눈에 …… 46-47
비행기 …………………… 28-29	찾아보기 ………………… 48

난 세상에서 가장 빠른 새! 나 잡아봐라~

들어가며

이 지구에 처음으로 날개가 등장한 건 언제인지 알 수 없을 정도로 오래 되었어요. 그때부터 날개는 굉장히 쓸모 있다고 알려졌어요. 사람들이 날개의 사용법을 알아내기 수백만 년 전부터 곤충, 익룡, 새, 박쥐 모두 하늘을 훨훨 날아다녔죠. 점점 사람들도 하늘을 날고 싶다는 꿈을 꾸게 되었고, 날개의 원리를 발견하기 한참 전부터 하늘을 나는 이야기를 지어내곤 했답니다.

우리가 흔히 아는 곤충뿐만 아니라, 날개달린 말, 유니콘, 용, 복엽기, 헬리콥터, 태양열 비행기, 심지어 용감하게 하늘을 나는 수도승도 살펴볼 거예요. 그러니 어서 초음속기 조종석에 올라타세요.

날 수 있는 곤충

수억 년 전, 지구상에서 가장 먼저 하늘을 난 생물이 곤충이었어요.

오늘날 지구에는 다른 어떤 생물보다 곤충이 많아요. 우리가 아는 종류만 무려 90만 가지 정도 된답니다. 그 수도 인구의 10억 배는 된대요!

부드러운 뒷날개는 날기 위한 용도에요.

딱정벌레의 앞날개는 단단한 물질로 이루어져 있어 뒷날개를 보호하지요.

뒷날개는 솜씨 좋게 종이접기를 한 것처럼 깔끔하게 접혀요.

곤충의 날개

곤충은 두 개의 더듬이, 여섯 개의 다리, 세 부분(머리, 가슴, 배)으로 나누어진 몸통을 갖고 있어요. 모든 곤충이 날 수 있는 건 아니에요. 날 수 있는 곤충은 보통 날개가 두 쌍 있는데, 파리처럼 한 쌍만 있는 곤충도 있지요. 대신 몸통 옆에 평형곤이 있어서 날 때 다른 날개를 대신해서 몸을 고정해 줍니다.

나비

이 화려한 생물은 세계에서 가장 아름다운 날개를 갖고 있어요. 가장 크고, 아마도 가장 아름답기도 한 이 나비는 바로 '퀸 알렉산드라 제비나비' 랍니다.

퀸 알렉산드라 제비나비 수컷은 암컷만큼 크게 자라진 않지만 샛노란 몸통에 반짝거리는 듯한 푸른 날개를 자랑해요. 암컷은 날개를 펼쳤을 때 28센티미터나 되지만, 솔직히 수컷에 비해 예쁘진 않답니다.

나비는 세계 어느 지역에나 있어요. 하지만 여기 그려진 나비들은 열대 우림 지역에 사는 것들이에요.

나비의 마술

나비는 끈적끈적한 물질로 자신의 알을 나뭇잎에 붙여요. 각각의 알은 애벌레가 되고, 이 애벌레는 자라서 딱딱한 껍데기에 싸인 번데기가 된답니다. 자연 세계에서 가장 극적이고 마술 같은 변화 중 하나가 바로 이 번데기 안에서 아름다운 날개를 가진 나비가 자라나 밖으로 나오는 것이랍니다.

나는 파충류

공룡 시대에는 파충류가 하늘을 날아다녔어요.
새와 박쥐가 세상에 나타나기 수백만 년 전 일이죠.
그들은 역사상 가장 큰 날짐승이었답니다.

익룡은 그 종류가 무척 다양했어요. 어떤 것들은 참새만 해서 선사 시대 숲을 돌아다니며 곤충을 잡아먹었어요. 이 안항구에라는 뾰족하고 날카로운 이빨이 있어서 물고기를 낚아채 잡아 먹었고, 주둥이 위에 볏이 달려 있었어요.

난 키가 80센티미터 밖에 안 되지만 날개 길이는 무려 **5미터**나 된다고!

나는 파충류, 즉 익룡은 아주 오랜 시간 지구에 살았어요. 맨 처음 2억 2천 5백만 년 전에 등장해서 6천 6백만 년에 완전히 멸종했지요. 지구상의 모든 공룡이 그때 멸종했어요.

최초의 새

최초로 하늘을 난 게 새는 아니었지만, 일단 날기 시작하자 비행은 그들의 장점이 되었어요. 그 후로 수백 만 년이 넘는 시간동안 새들은 날갯짓을 하고 있네요.

오늘날 살아있는 모든 새들은 날개 달린 육식 공룡, 시조새의 후손들이에요. 시조새는 공룡도 아니고 새도 아닌 우스꽝스러운 모습을 하고 있었어요. 약 1억 4천 7백만 년 전 쥐라기 시대가 끝날 무렵 살았었지요.

시조새는 그리 크지 않았어요. 화석을 보면 까치부터 닭까지 크기가 다양하죠. 시조새는 부리대신 이빨 달린 턱이 있었고, 날개 달린 팔, 길고 앙상한 날개 꼬리가 있었어요. 아무도 확신할 수는 없지만 아주 멀리까지 날지는 못했을 거예요. 요즘 닭처럼 잠시 푸드덕거리는 정도였을 거랍니다.

누가 웃기게 생겼대?

시조새가 등장한 한참 뒤인 7천만 년 전 백악기, 지금의 새와 훨씬 비슷하게 생긴 동물이 등장했어요. 시조새와 비교했을 때, 그들의 뼈는 훨씬 더 가볍고 가늘었으며 깃털은 더 길었죠. 팔은 다리보다 훨씬 긴 날개로 변화했고, 짧아진 꼬리에는 깃털도 났죠.

난 백악기에 살던 이크티오르니스야. 이 이빨로 바닷물고기를 잡아먹지.

카이루쿠 펭귄은 황제 펭귄보다도 훨씬 키가 컸어요.

날지 못하는 새 역시 오래 전부터 있었어요. 5천만 년 전 카이루쿠 펭귄처럼요. 그들도 요즘 펭귄처럼 똑바로 서서 뒤뚱뒤뚱 걸어 다녔지만, 딱히 수영은 잘 못했다고 하네요.

다양한 새

오늘날 새 종류는 수천 가지나 돼요. 모두 다 깃털을 가지고 있다는 공통점이 있지만 나는 방식에 따라 날개의 모양은 다양하답니다.

숲에 사는 조그만 새들은 나무 사이를 날아다니기 때문에 방향도 잘 바꾸고, 잘 멈추고, 빨리 날아오를 줄도 알아야 해요. 그러기엔 짤막하고 넓적한 날개가 딱 좋죠.

세 가지 깃털

새의 길고 뻣뻣한 날개 깃털은 비행에 도움을 주고, 꼬리 깃털은 방향 조종을 도와줘요. 날개 깃털은 끝이 뾰족하고 꼬리 깃털은 둥글죠. 또 몸통 깃털은 짧고 폭신해서 몸을 따뜻하게 유지해 줘요.

끝이 둥근 꼬리 깃털

보송보송한 몸통 깃털

끝이 뾰족한 날개 깃털

이 나무를 휙 피해 저 벌레를 잡아야 해요.

박쥐

털로 뒤덮인 몸에 가죽 같은 날개를 가진 박쥐. 지구상에서 유일하게 날 줄 아는 포유류이자 정말 신기한 동물이죠.

대부분의 박쥐는 밤에 사냥을 해요. 낮에는 동굴 안이나 다리 밑 같이 으슥한 곳에 앉아서 쉬고요. 이러면 낮에 활동하는 포식자를 피할 수 있고 밤에 돌아다니는 맛있는 곤충들을 쉽게 잡아먹을 수 있죠.

박쥐 종류는 1,200가지가 넘어요…

…거의 전체 포유류 종류의 5분의 1이나 된답니다.

수많은 박쥐 중에서도 가장 특이한 건 바로 캐리비안 흰 텐트 박쥐일 거예요. 하얀 공처럼 복슬복슬한 몸에 노란 귀와 코를 가진 이 박쥐는 열대 우림 속 나뭇잎을 뜯어 먹고 살면서 낮 동안엔 텐트처럼 나뭇잎을 접어놓고 그 안에서 잠을 자지요.

신비한 날개

실제로 날개를 가진 동물도 많지만, 날개 달린 말이나 불새처럼 상상 속 동물 중에서도 날개를 가진 것들이 있지요.

세상에나!

고대 이집트의 이야기에서부터 등장하는 불사조는 천 년을 넘게 살 수 있어요. 이 불사조는 둥지를 틀고 노래를 부르는데, 그 솜씨가 대단해서 태양마저 노래를 들으려고 멈출 정도에요. 태양의 불똥이 떨어져 둥지에 불이 붙어도, 그 재에서 새로운 불사조가 태어나 또 다시 천 년을 살아요.

중국의 용은 세상을 보살피며 사람들에게 행운을 가져다 줘요. 또 용은 다양한 동물의 모습이 섞여 있는데, 머리는 낙타, 몸은 뱀, 발톱은 매를 닮았죠. 중국 전설 속 응룡 역시 날개가 있어요. 응룡은 비를 내리게 하는 능력이 있고 꼬리로 강이 넘치는 것도 막을 수 있대요.

페가수스는 날개 달린 말로 고대 그리스 신화에 등장해요. 벨레로폰이라는 영웅은 페가수스를 잡아서 길들인 다음, 사자, 염소, 드래곤이 뒤섞인 괴물, 키메라와 싸우러 갔어요. 이후에 신들의 왕 제우스는 페가수스를 북쪽 하늘의 별자리로 만들었어요.

그리핀은 유럽 왕실과 궁전의 조각이나 배지에서 볼 수 있어요. 사자와 독수리가 합쳐진 모습이랍니다. 사자는 동물의 왕으로 불리고 독수리는 새의 왕으로 불리니까요.

하늘을 나는 유니콘은 알리콘이라 불려요. 약 2,500년 전 고대 아시리아(지금은 이라크라고 부르는 곳) 벽에 새겨져 있던 게 최초의 유니콘이에요.

이카루스의 비행

비행기, 심지어 연이 만들어지기 한참 전에도, 사람들은 하늘을 나는 꿈을 꾸고 이야기를 지어냈어요. 고대 이집트에서 이카루스 이야기가 처음 등장한 것도 2천 년이 넘었대요.

조심해, 이카루스. 네 날개는 밀랍으로 만들어졌어!

이카루스 이야기

옛날 크레타 섬의 미노스 왕에겐 걱정이 있었어요. 반은 황소, 반은 인간인 미노타우루스를 안전하게 가둬놔야 했거든요. 미노스 왕은 다이달로스라는 장인에게 도움을 요청했어요. 그러자 다이달로스가 아무도 쉽게 빠져나가지 못하게 설계된 지하 미로를 만들었어요. 미노스 왕은 미노타우루스를 이 미로 안에 가뒀죠.

왕은 이 비밀을 지키기 위해, 다이달로스와 그의 아들 이카루스를 높은 탑 안에 가뒀어요. 이카루스는 나이가 들수록 점점 더 간절하게 그 탑을 탈출하고 싶어졌어요. 다이달로스는 몰래 탈출 계획을 세웠어요. 바로 깃털과 밀랍으로 만든 날개를 아들과 하나씩 나눠 갖고서 날아서 탑을 탈출할 작정이었죠.

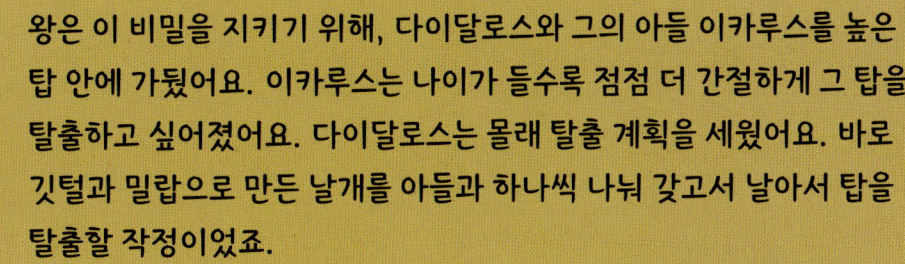

날개가 완성되자 다이달로스는 이카루스에게 당부했어요. 바다에 가까이 가면 날개가 젖을 것이고, 태양에 가까이 가면 밀랍이 녹을 것이니 조심하라고요. 하지만 이카루스는 자유의 몸이 된 것이 너무 기뻐서 그만 태양 가까이에 가고 말았어요. 결국 밀랍은 녹고 이카루스는 바다에 빠져 죽고 말았답니다.

이카루스의 이야기는 여전히 전해지고 있으며, 전 세계에서 예술 작품으로도 만들어졌어요. 너무 자만하지 말고 늘 조심해야 한다는 점을 강력하게 경고하는 내용이라 그런가 봐요.

날아오르는 사람들

사람들은 수천 년 전부터 비행에 마음을 빼앗겼어요. 새들은 너무도 쉽게 하는 일인데 말이죠. 비행기가 발명되기 전, 우린 하늘을 날기 위해 온갖 노력을 했답니다.

그리스 신화의 이카루스처럼, 새의 날개처럼 생긴 걸 만들어 깃털을 붙인 다음 팔에 끼고 높은 건물에서 뛰어내리는 사람이 있었어요. 결과는 시원찮았고 종종 고통스럽기도 했죠. 11세기 맘즈베리 수도원의 에일머라는 수도승도 그 중 한 명이에요.

할 수 있어, 에일머!

예술가이자 과학자이자 만능 천재인 레오나르도 다빈치도 비행에 관심이 많았어요. 그는 100가지가 넘는 비행기 설계도를 그렸지만 실제로 만들지는 않았어요. 한 번도 비행에 성공하진 못한 거죠.

여러분은 비행기를 이미 봤으니까 내가 바보 같아 보이겠죠. 하지만 난 여태 새랑 박쥐, 곤충밖에 못 봤다고요!

사실 현대의 윙슈트와 크게 다르지 않아요.

중국에서는 기원전 400년부터 연을 날렸어요. 그리고 수 세기 동안 이 연을 이용해 하늘을 날려고 노력했죠. 물론 성공한 적도 있지만 다음 장에서 보게 될 글라이더에 비하면 그리 효과적이지 않았어요. 연은 바람의 세기를 가늠할 때, 메시지를 보낼 때, 거리를 측정할 때도 날리고 그냥 재미로도 날리죠.

1783년 최초로 사람이 하늘을 날았어요. 바로 열기구를 이용한 거죠. 그 후로 하늘을 나는 기계가 나오기까지는 꽤나 오랜 시간이 걸렸답니다.

글라이더

글라이더는 최초의 항공기였어요. 이제 사람들은 뜨거운 공기로 풍선을 띄우지 않아도 하늘을 날 수 있게 되었답니다.

1853년 조지 케일리라는 발명가가 최초로 성공적인 글라이더를 만들었어요. 당시 케일리는 79살이었기에 비행은 자기 집 하인이 대신 했대요. 케일리는 현대적인 비행기를 직접 만들지는 못했지만 최초로 디자인한 사람이기도 해요. 그는 무한궤도 바퀴, 안전벨트처럼 많은 물건을 발명했어요.

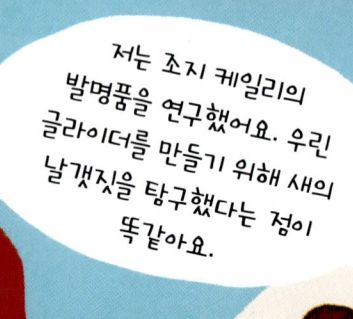

저는 조지 케일리의 발명품을 연구했어요. 우린 글라이더를 만들기 위해 새의 날갯짓을 탐구했다는 점이 똑같아요.

1890년대 오토 릴리엔탈이 훨씬 발전된 글라이더를 만들었어요. 그는 이걸 띄우기 위해 높은 곳에서 뛰어내려야 했어요. 그래서 일부러 인공 언덕을 만들기도 했답니다.
그는 총 2,000번 가량 비행을 했어요. 그러다 안타깝게도 비행 사고로 세상을 떠났답니다.

비행기

라이트 형제는 세계 역사상 가장 유명한 사람들 중 하나에요. 하늘을 나는 어마어마한 발명품을 만들어냈거든요.

윌버 라이트와 오빌 라이트는 어릴 적 장난감 헬리콥터를 선물로 받은 이후로 하늘을 나는 것에 늘 관심이 많았어요. 그러다 1902년 정말 대단한 걸 만들어냈죠. 그들이 날렸던 글라이더는 완벽하게 조종이 가능한 최초의 항공기였어요.

얜 무슨 새지?

하지만 이 형제에겐 동력 비행이라는 더 큰 계획이 있었죠. 아직 그 누구도 가벼우면서 강력한 엔진을 만들지 않았기에 둘이 직접 나섰어요. 1903년 노스캐롤라이나의 키티호크에서 라이트 형제는 12초간 36.5미터를 이동하며 세계 최초로 공기보다 무거운 동력 비행기를 만드는 데 성공했어요. 하지만 약 1분 동안 260미터 이동한 게 그날의 최고 기록이었어요.

윌버와 오빌은 더 나은 비행기 제작에 들어갔어요. 머지않아 그들의 비행기는 어디에서나 급강하와 곡예 비행을 할 수 있게 되었어요. 이후 수십 년 동안 사람들은 정기적으로 대서양을 가로질러 유럽과 미국을 오갔어요. 그것도 몇 주가 아니라 몇 시간 만에요. 라이트 형제 덕분에 이 세계가 훨씬 작아졌네요.

우리 비행기에 쉬운 이름을 지어주자. 바로 플라이어! 정말로 잘 날지?

비행기 날개

비행기의 날개는 주변 공기가 비행기를 하늘 위로 밀어 올릴 수 있게 설계되었어요. 라이트 형제의 플라이어와 다른 초기 비행기는 날개가 두 쌍 달린 복엽기였어요. 초기 엔진은 그리 힘이 세지 않았기에 이렇게 큰 날개 면적이 큰 도움이 되었죠. 비행기를 더 튼튼하게 만들기도 하고요.

양력

복엽기부터 초음속기까지

이 비행기 이름은 '세인트루이스의 정신'이랍니다.

라이트 형제의 복엽기가 탄생한 후 컴퓨터로 조종하는 초음속 항공기가 나오기까지 그리 오래 걸리지 않았어요.

1900년대 초반, 새로운 비행 기록을 내서 돈을 벌기 위해 비행 경주에 참가하는 사람들이 많았어요. 가장 유명한 우승자는 미국인 찰스 린드버그로 1927년 쉬지 않고 혼자서 대서양을 건넌 최초의 비행사였죠.

최초로 승객을 태운 제트기는 1940년대 후반에 개발되어 1952년부터 서비스를 시작했어요. 당시에는 여행을 하는 게 드문 일이었죠. 요즘은 매년 수백만 명의 사람들이 제트기를 이용하지만요.

1947년 미국 비행사 척 예거는 벨 X-1호를 타고 최초로 초음속 비행을 했어요. 소리보다 더 빨랐다는 뜻이죠. 비행기가 음속을 넘어가면 비행기 주변의 공기 흐름이 급격하게 바뀌면서 소닉붐이라는 큰 소음이 생겨요.

더 빠르니까 더 좋군!

1939년 세계 최초의 제트기 하인켈 178이 비행에 성공했어요. 제트엔진에서는 앞쪽으로 빨려 들어간 공기를 압축해서 연소실로 보내요. 연소실에서 공기와 연료가 만나면 폭발이 일어나고 그 힘만큼 비행기가 빨리 나는 거예요.

콩코드는 1976년부터 2003년까지 운행했던 초음속 여객기에요. 시속 2,000킬로미터 이상으로 날 수 있었죠!

매일 10만 대 이상의 비행기가 날아올라요. 환경 친화적인 비행기를 개발할 필요가 있겠죠.

대부분의 여객기와 화물비행기는 자동조종장치라는 내장 컴퓨터로 조종해요. 하지만 이륙이나 착륙 때는 무슨 일이 생길지 모르니까 여전히 진짜 조종사가 필요하죠.

미래의 비행기

요즘 우린 휴가객부터 얼린 생선까지 무언가를 옮길 때 늘 비행기를 이용해요. 하지만 비행기는 항공 연료가 필요하고, 이 연료는 오염과 지구 온난화를 일으킬 수 있어요. 좀 더 환경에 좋은 방법은 없을까요?

태양광 비행기는 태양광으로 배터리를 충전해요. 2016년 베르트랑 피카르와 앙드레 보르슈베르는 태양광 에너지 비행기, 솔라 임펄스 2를 타고 최초로 지구를 한 바퀴 돌았어요.

미국 항공 우주국 나사는 항공 연료 대신 전기 모터를 이용한 비행기를 만들기 위해 열심인 단체 중 하나에요. 전기로 움직이는 모형 비행기는 수십 년 전부터 있었지만 실제 크기의 비행기는 만들기가 훨씬 어렵다네요.

헬리콥터

헬리콥터 날개는 비행기나 새, 박쥐 날개와는 달라요. 빙글빙글 돌아가는 회전 날개 덕분에 헬리콥터는 놀라운 공중 곡예를 할 수 있답니다.

회전 날개는 여러모로 장점이 많아요. 활주로 없이도 곧바로 이륙과 착륙이 가능하고 공중에 둥둥 떠 있기도 할 수 있죠. 앞으로 뿐만 아니라 뒤로나 옆으로도 날 수 있어요.

우와~ 날개가 참 신기하네요.

대부분의 요즘 헬리콥터에는 큰 회전날개 하나, 뒤쪽에 작은 회전날개 하나가 달려 있어요. 이런 헬리콥터는 이고르 시코르스키가 설계한 것으로 1939년 첫 비행을 했어요. 조종이 쉽지는 않다고 해요.

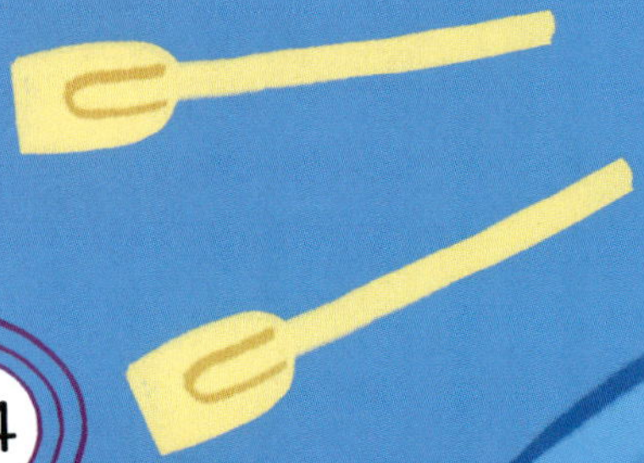

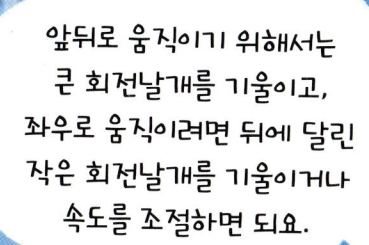

앞뒤로 움직이기 위해서는 큰 회전날개를 기울이고, 좌우로 움직이려면 뒤에 달린 작은 회전날개를 기울이거나 속도를 조절하면 되요.

회전 날개

헬리콥터의 회전날개가 돌아가면, 날개 아래와 위에 기압이 달라져서 헬리콥터를 위쪽으로 밀어 올려요. 날개가 고정된 일반 비행기는 양력을 만들기 위해 매우 빠른 속도로 달려야 하지만, 헬리콥터 날개는 회전만으로도 양력이 생겨서 그럴 필요가 없어요.

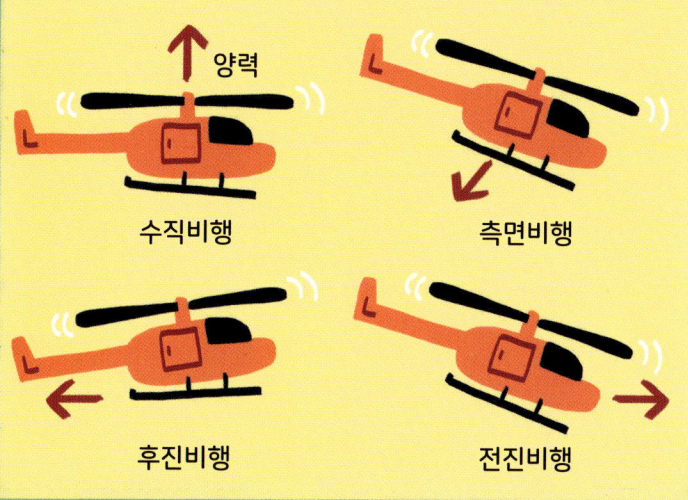

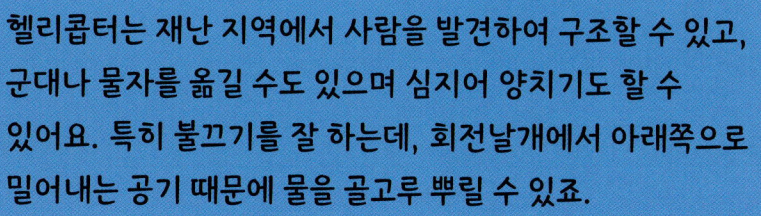

헬리콥터는 재난 지역에서 사람을 발견하여 구조할 수 있고, 군대나 물자를 옮길 수도 있으며 심지어 양치기도 할 수 있어요. 특히 불끄기를 잘 하는데, 회전날개에서 아래쪽으로 밀어내는 공기 때문에 물을 골고루 뿌릴 수 있죠.

"하나둘 셋 넷 다섯 여섯 일곱 여덟 아홉 열… 한 번밖에 못 쓰죠. 재사용 부분은 크루 드래건 캡슐이에요."

우주의 날개

우주 로켓은 날개 없이도 지구 대기권을 뚫고 지나가요. 하지만 세계 최초 재사용 가능한 우주선은 지구로 돌아올 때 날개가 있어서 조용속으로 올 수 있었어요.

최초의 재사용 가능한 우주선은 우주 왕복선이었어요. 거대한 로켓 부스터의 도움으로 우주로 날아갔다가, 국제 우주 정거장에 위성, 우주비행사, 무인 우주탐사선을 내려주고, 다시 지구로 돌아와 글라이더처럼 착륙했지요. 우주 정거장은 지구 궤도를 도는 거대한 과학 실험실로 우주왕복선의 도움으로 지어졌어요.

날개 없는 로켓

로켓은 거대한 엔진을 이용해서 최대한 빠른 속도로 우주로 쏘아 올려져요. 우주에는 공기가 없기 때문에 로켓에도 날개가 필요 없는 거랍니다.
이렇게 날개가 달린 우주선도 있어요. 언젠가는 이런 우주선이 여러분을 우주에 데려다 줄 수도 있을 거예요. 달까지 여행을 하고 돌아오는 거죠.

우주 왕복선은 날개가 짧아요. 이 날개는 이륙이나 비행할 때에 쓰는 게 아니라 소리보다 훨씬 빠른 속도로 미끄러지듯 착륙할 때 필요하거든요. 왕복선은 스스로 이륙을 할 수 없기 때문에 발사 장소까지 비행기 등에 업혀서 이동할 때도 있었답니다.

날지 못하는 날개

날개는 있지만 날지 못하는 새도 있어요.
깃털은 있지만 도통 날 생각이 없는
친구들을 만나 봐요.

타조는 세계에서 가장 큰 새랍니다.

카카포와 키위는 날지 못하는 야행성 새로 뉴질랜드 숲에 살아요. 키위의 날개는 길이가 2.5센티미터밖에 안 되고 깃털 밑에 완전히 숨겨져 있어요. 카카포는 앵무새 종류인데 날개를 퍼덕일 순 있지만 날지는 못 해요.

키위는 타조와 비슷한 가족이나 마찬가지지만 덩치는 닭만 해요.

펭귄은 물속에서 헤엄칠 때 날개를 이용해요. 가장 빠른 수영 선수는 젠투 펭귄으로 시속 35킬로미터까지 속도를 낼 수 있대요.

요즘도 재미를 위해 열기구를 날려요. 어떤 열기구는 용감한 승객들을 위해 바닥을 유리로 만들기도 한대요!

열기구보다 더 많은 사람을 태울 수 있는 비행선은 뜨거운 공기 대신 헬륨을 이용해요. 헬륨도 공기보다 가볍거든요.

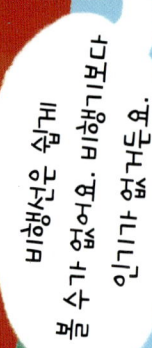

"쳇, 느림보 녀석! 나는야 비행선!"

"그냥 나는 게 더 빠르겠네!"

날개 없이 비행하기

날개 없이도 나는 것들, 적어도 나는 것처럼 보이는 것들이 있어요.

열기구가 나는 이유는 풍선 안의 뜨거운 공기가 바깥 공기보다 가볍기 때문이에요. 1783년 몽골피에 형제가 만든 최초의 열기구에는 양, 오리, 닭이 타었대요.

이 거대한 새는 바람을 타고 주로 바다 위를 떠다닐 뿐 땅에 착륙하는 일이 거의 없어요. 남극해 주변을 날아다니는 이 새들의 비행 거리는 놀랍게도 일 년간 12만 킬로미터나 된대요.

항공기 기술자들은 알바트로스가 하늘을 나는 법을 연구해 왔어요. 이 놀라운 새가 적은 에너지로도 멀리 비행하는 걸 보고, 그 비법을 배워서 비행기에도 적용하려는 거죠.

나그네 알바트로스의 날개

나그네알바트로스는 어떤 새들보다 인상적인 날개를 갖고 있어요. 이 거대한 새의 날개 끝까지의 길이가 무려 3미터가 넘거든요.

나그네알바트로스는 기류를 타고 하늘을 날아요. 바람이 불면 거대한 날개를 비스듬히 움직여서 높이 날아오르고, 또 바다 쪽으로도 빠르게 내려오지요. 춤처럼 날개를 퍼덕일 필요가 없어요.

"난 물고기, 오징어, 조개를 먹고 바닷물을 마시지. 그래서 바다에서 사는 게 너무 행복해."

알바트로스는 번식기가 되면 2년에 한 번씩 큰 군락지에 상륙해요. 그곳에서 파트너를 다시 만나는데, 보통은 평생 동안 단 한 마리의 파트너랑만 짝짓기를 한대요. 암컷 알바트로스는 알을 딱 하나만 낳고, 부모는 교대로 새끼를 돌봅니다.

알바트로스는 그 종류가 스무 가지가 넘어요. 하지만 안타깝게도 모두 다 멸종위기종이거나 멸종위기종이 될 위험에 처해 있어요. 주로 물고기 잡는 그물에 목숨을 잃는답니다. 조류 친화적 그물로 잡은 물고기만 사야겠네요.

세상에서 가장 큰 날개

↕ 5.5 m

지구 역사상 가장 날개폭이 넓은 새는 약 6백만 년 전까지 존재했던 자이언트 테라톤이었어요. 날개 끝에서 끝까지의 길이가 5.5미터였답니다.

모든 종류의 새들

쿵쿵

세상엔 적어도 10,000가지 종류의 새가 있고, 우리가 모르는 것까지 합하면 더 많을 거예요. 색과 형태, 크기까지 무척이나 다양한 새, 그 중에서도 가장 신기한 새들을 살펴봐요.

송골매는 가장 빨리 나는 새예요. 먹잇감을 잡으려고 달려들 때 시속 368킬로미터 속도로 날 수 있어요. 포뮬러 1 경주용 자동차의 최대 속도에 맞먹어요.

불가능하게 들리겠지만, 유럽칼새는 열 달 동안 한 번도 착륙을 하지 않고 날 수 있어요. 겨울을 나기 위해 유럽에서 아프리카로 이동하는 내내 한 번도 멈추지 않고 나는 경우가 있대요. 새벽부터 해질녘까지 하늘 높이 날아 올랐다가 천천히 내려오는 도중에 잠깐씩 잠을 자는 거죠.

모든 날개를 한 눈에

엄청나게 빠른 타임머신이 곧 출발할 거예요.
순식간에 날개의 역사를 둘러볼 거랍니다.

수억 년 전
지구상에서 최초로 하늘을 난 생물은 곤충이에요.

11세기경
맘즈베리의 수도승 에일머가 직접 만든 날개로 비행을 시도했어요.

약 기원전 400년
고대 중국에서 연을 날렸어요.

1452-1519
과학자이자 예술가 레오나르도 다빈치가 100개가 넘는 비행기 설계도를 남겼어요.

1947
척 예거가 벨 X-1호를 타고 최초로 초음속 비행을 했어요.

1939
세계 최초의 제트기 하인켈 178이 하늘을 날았어요.

1952
최초의 여객용 제트기가 운행을 시작했어요.

1969
초음속 여객용 제트기 콩코드가 첫 비행을 했어요.

2억 2천 5백만 년 전

익룡이라 불리는 나는 파충류가 지구상에 등장했어요.

1억 4천 7백만 년 전

시조새가 등장했어요. 육식을 하는 깃털 달린 공룡으로 짧은 거리를 날 수 있었죠.

7천만 년 전

요즘의 새와 비슷하게 생긴 새가 등장했어요.

2천 년 전

태양에 너무 가까이 날아갔던 소년, 이카루스 이야기가 고대 그리스에서 탄생했어요.

1783

몽골피에 형제가 설계한 최초의 열기구가 하늘을 날았어요.

1853

발명가 조지 케일리가 최초로 성공적인 글라이더를 만들었어요.

1903

라이트 형제가 세계 최초로 동력 비행기를 만들었어요.

1927

찰스 린드버그는 혼자서 쉬지 않고 대서양을 횡단한 최초의 인물이에요.

1981

최초의 재사용 가능한 우주왕복선이 우주로 발사되었어요.

2016

솔라 임펄스 2가 최초로 태양광을 이용해 지구를 한 바퀴 돌았어요.

찾아보기

갈매기 17
곤충 6, 7, 8-11, 18
과일박쥐 29
글라이더 25, 26, 27, 28
깃털 14, 15, 16, 17, 23, 24, 38
깔따구 9

나그네알바트로스 42, 43
나비 10, 11
날개 달린 말 21
날개 없는 새 15, 38, 39
날개폭 10, 12, 13, 19, 42, 43, 45
날치 41

델타윙 비행기 33
독수리 17
딱정벌레 8, 9

라이트 형제 28, 29
레오나르도 다빈치 24
로켓 36, 27

맘즈베리의 수도승 24
몽골피에 형제 40

박쥐 6, 7, 18, 19
반향 위치 측정 19
벌새 45
복엽기 29
불사조 20
비행기 7, 28-33, 42
비행선 40

새 4, 7, 14-17, 20, 38, 39, 42-45
선사시대 6, 8, 12-15, 43
소닉붐 30
속도 9, 31, 38, 39, 44
송골매 44
슈가글라이더 41
시조새 14

안항구에라 12, 13
연 25
열기구 25, 40
오리 17
오토 릴리엔탈 26
용 20
우주선 36, 37
우주왕복선 36, 37
유니콘 21
음속 30, 37
이고르 시코르스키 34
이카루스 22, 23
이크티오르니스 15
익룡 6, 12, 13

자이언트 테라톤 43
잠자리 9
전기 비행기 32, 33
제비 17
제트기 30, 31
조지 케일리 26

찰스 린드버그 30
초음속 비행기 30, 31

카카포 38, 39
칼새 44
캐리비안 흰 텐트 박쥐 18
케찰코아틀루스 13
콩코드 31
퀸 알렉산드라 제비나비 10, 11
키위 38, 39

타조 38, 39
태양광 비행기 32, 33

파리 8, 9
파충류 12, 13
퍼핀 45
페가수스 21
펭귄 15, 38, 39
포유류 18, 19

행글라이더 27
헬리콥터 9, 34, 35
황금볏 과일박쥐 19
회전 날개 34, 35